JAAN SE JANNAT

DR. S. ABDUL WAHID

ISBN 979-888530513-6

Hey my love i would love to call you HEAVEN from now heaven is a place where there's no end and my Love too don't have any end point.

Heaven is a place where there's no cheating,you will receive the same thing from me .

I will always hold you even how hard the time will comes and don't wanna stop loving you, it will never going to happen

I'm completely yours and want to be yours always

Don't ever dare to doubt or don't dare to think negative

Contents

Summary

Beautiful feelings of a pious love story where a boy writes his feelings ..

Come let's begin this.. sweet memories of his Love.

Here boy's name will be ABDUL let's read about his feelings

CHAPTER ONE

It was a first' time when Abdul saw her

"You're face was like a moon in a dark sky
It was the first time when i have seen you in Black BURQA
You're eyes are like twinkling stars
You're lips are like Lotus petals
You're cheeks were too soft like a soft soft cotton
It was the first time I have seen you
It was an auspicious day in my life .
You look gorgeous when you smile there's always a
different glow in your face

CHAPTER TWO

His view about relationship

*It's ok even if we fight we quarrel it's a part in a relationship
my dear heaven..
Listen to me when I talk to you and while explaining things
that have happened.
Keep patience and listen mute everything in your
environment and listen to me I'm sure you will feel my love
,you will know how mad I'm
I love you infinity heaven
I won't get tired saying this many times
I'm glad that I'm in love' with you
I want to fall in Love with you infinity times
You stayed far from me for 4 years even this distance
didn't bring a single minute change in loving you .
You're mine only mine
All i want is to sit with you holding your soft hands leaning
on your shoulder and want to talk from dark night to first sun
rays.
Stay with me, hold me, stay calm i Love looking into your
eyes..*

CHAPTER THREE

At beginning

*I tried many times expressing how mad i am over you but
always stepped back because I'm scared of losing your
friendship
With lot of patience waited for you with a hope that things
will be better in future
It was a surprising moment when you started texting in
whatsapp
you don't know and i can't describe you in words how
much Happy i was
Whenever you text oyy it feels amazing
You're a magician in my life who turned my tears into
happy tears
Sometimes i feel
why i didn't started staring at you early
Why i didn't started loving you from beginning of our
college days
I wasted too much time without you
You're a different person i have ever seen
I always cursed myself why I was so late in proposing you
It was always a stupid thought which always holded that
I'm loving a person who can't love back
I'm getting deep in your love day by day which has no end*

*My biggest gift from ALLAH is having you as my
bestfriend and i got too close within a less time
I'm literally Lucky one that without no efforts you came in
my Life
You're the boon my darling.
Being one sided lover is really hard each and every day
there will be arguments in between heart and mind
I was literally private person you made me to open up
I prefered sharing all the secrets with you because I trust
you*

CHAPTER FOUR

First look

I'm still in love with those looks which i have seen
I still fall in love everyday
My mind is totally engaged with those looks
First meet first looks will never get forgotten.
One day
"I will Hold your hand tightly
And pull you closer to my chest
Lean on my chest
I promise that you will feel a lot of peace' here
You will forget the world worries
Do you know why you will feel like this here because you're
with a true partner"

CHAPTER FIVE

I Love you infinity ? my love my heaven
Trust me you will always feel lucky being my spouse
You're my half of the soul the other half is our children
I don't wanna lose you i wanna hold you tightly in my arms
Love is blessing
And I'm blessed with that, you're the blessings
I want to build an emperor apart from this jealousy world

*"I'm having a best best thing in my life and the best thing is
you
Thanks to our parents they tied us in a pious relationship
Hold my hands tightly and forget rest of the world
Because I'm your world and your mine.
Millions of feelings I'm holding in my heart and your the
owner of those "
I don't know how we got engaged but you know one thing
All the time i have done only one thing repeatedly making
supplication and
Loving you*

CHAPTER SEVEN

Shayaris in Urdu voice

Khushboo banke tere badan se lipat jaaoonga,
Saansein banke tere andar reh jaunga,
Teri ragoo me lahoo banke reh jaaonga,
Andhera jaisa lafz hi na ho aisi roshni banke reh
jaaonga....

My dil me ho tumhari mujhe logo me na dhoondo,
Main hawa hoon mere sahare mere saath zindagi guzar
lena,
Mohabbat kitni karta hoon tum gumaan tak nahi kar
sakte,
Saase kab khatam honge khabar nahi umr bhar mere
bahoo me guzar lena.....

Zulfo ko yuhee bikhre rehne de ,
Hoto pe gulabi range rehne de,
Kabi aankhein to kabhi hont to kabhi gaal chumne ka
shauk lag gaya hai mujhe,
Teri aadaoo ki baarish me aise hee bheegte rehne de.....

Tere siwa kisi se takrayi nahi meri nazar,
Tujhee se shuru hoke tere pe hi khatam hota hai ishq ka
safar ,
Tu panaah hai tu na hoto fanaah hai zindagi,
Tu hee hai mera humsafar...

tere hote huye teri qadar na kar saka ye Bhool hai,
Tu hazaroo phoolo ke baagiche me ek alahida Phool hai,
Awaaz ,aks, till ,nathni ,gulabi honth ,masoomiyat ,sab
lajawab hai.
in adaao ke aage sab dhool Dhool hai...

Din ba din pyar badhta ja raha hai ,
Kabhi hasi to kabhi thudi wale till ka jaadu chadta ja raha
hai,
khuda ki banaye huye husn ko na dekhu to aurr kya dekhu,
Isee ke sahare to meri zindagi ka guzara hai...

Tere hatho ka khilona hoo my,
Dill behlane wale mazaak hoo my,
Meri nazrein to hamesha teri masoomiyat ko dekhti hai,
Isiliye teri galtiyo ka hisaab nahi karta hoon my...

Tum jab saath nahi the
Hum akele the,
Mohabbat thi magar tum nahi the,
Tasalli khud ke dil ko bahut
dete the,
Fir bhi akele the...

duniya ki saari shohrat bhee maangle aur dena mere ikhtiyaar
mein na ho,
Khuda kare kabhi aisa din na ho..

Mere andar tere saath umr bhar bitane ki ek kahani hai,
Isiliye to aankho me paani hai,
Tu shokh ,khushi ,sukoon,tasalli,hosla hai mera,
Tere bina zindagi lafz ke kya maani hai...

Ek subah se lekar shaam tak teri yaad me kho gaye hum,
Teri tasveer dekhte dekhte kab chand nikal ke aaya ye bhi
bhool gaye hum,
"Kudrat ne banaya hoga fursat se mere yaar ko "ye to
sunte the aaj dekh bhee liya humne,
yuhee tere hone ke khwabo ko sajate sajate pata nahi kab
so gaye hum...

.Aahista se dil me utarte ja rahe ho,
Mujhe apne bas me karne ja rahe ho,
tumme kya jaadu hai aakhir tum haste ho to tum pe
marne ko dil karta hai,
Shukriya aapka andheri duniya se apni khushiyon ki
duniya me le ja rahe ho

bhool se bhi kisi aur ki tamanna nahi karta dil mera ,
Teri mohabbat ne mujhe tera banaliya tere siwa kon hai
mera sahara,

"Teri baho me lete rehne ko dil karta hai"
Teri khusboo mujhe tere taraf karti hai
"Isi khushboo ko baar baar sunghne ka dil karta hai"
tu samandar hai mera
Teri Gehrayioo mein doobe rehne ko dil karta hai

Tumhe chaha hai maine apne aap se bhi zyada
Tum meri jaan ho
Khuda ko bhee taras aa gaya hoga mere rone pe, duaon pe,
Isiliye meri zindagi me tum ho
My chahta to iss dil -e-takleef ko chod kar kisi aur ka
hojata
Meri maa se seekha hai aafato me himmat se rehna
"Isiliye meri zindagi me tum ho"

tum aane mein bahut der kardiye ho warna Zindagi me
andhera nahi hota,
Tere bagair zindagi ka matalab kuch bhi nahi hota,
Mujhe jeene ka saleeqa, Zindagi ka maqsad bataya toone
Tum nahi hote to aaj my my nahi hota..

ab paigam-e-ishq ko tumne qubool kar liya hume iss khadar
khushi khuyi,
Jaisa ke khuda ne tauba qubool karke jannat dey dee ho
aisi Khushi mili...

Saanso ke saath saath teri yaadein chalti hai
tere saath o cafe pe baithna baar baar yaad aata hai,
Tere choti choti bachi jaisi harkatein yaad aati hai,

*In sab ke alawa teri o "EEE" karke chidane waali ada yaad
aati hai,*

*tere hatho se likhi SLAM -BOOK padhna aur use baar baar
choomna ye hee kaam tha mera,*
*teri baithi hui bench pe baar baar baith jana ye hi kaam
tha mera,*
O College ko aana ek bahana tha all me tujhe dekhna tha,
Padhayi kam aur mohabbat zaada karna kaam tha mera

video call pe jab tak na dekhloo kaha
Meri subah hoti kaha meri aankh lagti hai,
Tu bina make up ke bhee hoor lagti hai,
Tu khuda ki taraf se bheji huyi nyamat lagti hai,
Kahin tumhein meri ye tareef dillagi to nahi lagti hai

mukhtasar sa waqt badi yaadein,
*uske pasand ka siya rang ka shirt pehan ke restaurant
nikala mai,*
Wapasi me uska haath pakad ke restaurant se nikla mai...

mai roz naye naye jism pe marne wala nahi,
Mai to ek rooh ek jaan pe marne waala hoo,
Mai doosri ladkiyon ki adaoo pe marne waala nahi
*Mera Ek hi zameer hai aur ek hi mohabbat hai aur dono
ko bechne wala nahi...*

Mai chah kar bhi kisi aur ladki ki taraf nahi de sakta tha ,

Mai tujhe kya teri tasveer dekhe bagair nahi reh sakta tha ,
Mujh me tera saamna karne ki himmat nahi thi varna utni
door kaha reh sakta tha ,
Mai chehra to door teri nazro se nazrein nahi mila saka ab
bata tera jism ke taraf kaha dekh sakta tha

mere gamm door hote hai mujhe tasalli milti hai tere deedar
se,
my umr bhar iss chehre ko dekhte reh jaaonga,
teri mohabbat me itna pagal ho Agar tu mohabbat se zehr
bhee pilade to peeke mar jaunga,
Aur Itni mohabbat karunga tum meri deewani ho jaogi aur
log dekhte reh jayenge.

Mohabbat jab dil se karte ho na to
Yaar ko apna bana deti hai,
Warna yaar ka deewana deti hai..

Mai chahta to kya kya nahi kar sakta tha,
agar Mai chahta to ladkiyo ke sath ghoom sakta tha,
Moka tha hamare paas hum bhi khata kar sakte the,
Bata Jab sirf ek khuda aur ek Mohabbat ho dil me to khata
kaise kar sakte the,

tujhe tang tang karne me maza aata hai mujhe,
Tujhe baar baar chhedna acha lagta hai mujhe,
Mere dost bahut hai magar zaada masti tere saath karta
hoo mai,

Shohar ke saath - saath tera dost ban ke rehna acha lagta
hai mujhe..

kon ho tum kaha se aaye ho ,
Lagta hai Jannat se aaye ho,
Haii kya noor kya nakhre tere
Lagta hai dil me mere bass jaane aaye ho...

suno tum hadd paar kar rahe ho,
Aankhon se dheere dheere dil me utar rahe ho,
Ye zulfo ko baar baar latakne chhodna aur ye masoom
chehre se chhed na Suno acha nahi kar rahe ho,
My seedha saadha ladka ho tum aisa mera dhyan bhatak
rahe ho..

rooh ka jab mas ala ho to jismani dawa kaam nahi aati,
Jab dil ek ho nek ho to
Jismani taur pe koyi aur dawa kaam nahi aati,
Dil-e-sukoon hota hai tujhe dekhe to dill behlane waali
cheez nahi
Tu awal aur aakhir hai tere baad koi nahi...

Mai 2min bhi teri call ko nazar andazz nahi kar sakta,
Tu to 10-20missed call nazar Andaz kar leta hai,
Chaahe gussa kitna bhi ho tujhe manane ki koshish karta
hoo,
Tu maan ne ke bajaye Phone switch off kar leta hai bata
aise kaise kar leta hai...

Tera phone bajaa to logo se baat karte karte baat kaat ta hoo,
Mai tera itna deewane ke Phone pe baat karte karte
rozana 3km ka rasta kaat ta hoo,
Ek tu hai auroo ka phone Baje to mera call kaat ta hai,
Main sabki call kaat ta hoon isliye shayad tu mera call
kaat ta hai,
Agar tu v.c na kareto saari raat soye bagair kaat ta hoo,
Ittefaaq se bhee tasavvur nahi karna teri avaaz sune
bagair tujhe dekhe bagair din kaat sakta hoo..

teri avaaz sune bina tuje dekhe bina dill kaha lagta hai,
Agar lag bhi gaya dil to be-chain be-chain lagta hai,
My aaj bhee chup chup kar dua karta hoo khuda se teri
khairiyat keliye
tujhe kahein buri nazar na lage darr lagta hai..

daadi se kya mas-ala hai tujhe pata nahi,
Kyu itni nafrat hai tujhe pata nahi,
Isi daadi waale ke sadqe me duniya bani hai ye baat na
bhool,
Tujhe kyu itni na pasand hai tujhe pata nahi...

seene pe sar rakh ke sukoon se sojati ho,
maa ke godhi me bachi jaise sojati ho,
Main ek baat bataoo tum sone ke liye tarasti ho my sulane
ke liye taras jaata hoo,
Tume maloom nahi tum sar rakhte hee sojati ho...

sar pe dupatte se khana khane tak ladti hai,
Jo khud bachi jaisi harkatein karti hai o bacho ke naam
rakhne ke liye ladti hai,
Gussa kaha se aayega o ladte huye bhi cute -cute lagti hai,
Dill karta hai seene se laga ke choom ne ko jab o ladti
hai...

maine saalo saal guzaar diya tere aane aane ke intezar me,
Namazein , duaein roze tere aane ke intezar me,
Tu kab kaise message karega pata nahi tha isliye saare
social media account banaye rakha tha,
Har notification kholna aadat si ban gayi thi tere laut aane
ke intezar me..
Saare ladkiyo ke pyaar ko inkaar kardiya tere aane ke
intezar me,
Dill,Nigahoo sambhale rakha tha tere aane ke intezar me..

teri mulakhatein mukhtasar si hai magar chain ki saas tak
nahi lene dete,
Saari duniya ki saltanat apni ho jaye fir bhee teri nazrein
chain se rehne nahi dete,
Ye mera gumaan hai ya fir Haqeeqat har aaine me tu hai
har saaye me tera saaya,
Teri yaadein thodi hi thi magar jeene nahi deti ...

hum jawaan baar baar nahi hote,
Mohabbat ek baar huyi dubara nahi hoti,
Tere ek haa sunne ke liye saalo saal akele guzaar diye,
Aisa nahi tu nahi to koi aur hoti asal mein aisa hai tu nahi
to koi bhi nahi hoti

mohabbat karna aur door rehna itna asaan nahi,
Pyaase hokar paani ko talash karna asaan nahi,
Tu aayega ,mere saath rahega isi umeed me guzar gaye
saal saare,
Intezaar karte huye intezar ke ghoont peete rehna itna
asaan nahi.

kitne din guzaar diye tere aane ke intezaar me pata nahi,
Ek naya phool tha kiss baag se aaya pata nahi,
Tu kaha rehti hai kya karti hai ye bhi pata nahi,
Tujhse mohabbat karne ke siwa kuch aur pata nahi

Tera sar Jab seene pe hota hai to saari mushkilein dhool dhool
hojati hai ,
Main kya! meri dhadkane saansein bhi tere liye chalti hai,
Teri neend me khalal na ho isiliye meri dhadkan aur
saasein dheere dheere chalti hai,
Jism mera hai lekin baat teri chalti hai...

logo ko khud ki pasand ki biryani tak hath nahi lagane deta,
Ab bata tujhe haat kaise lagane deta...
Tu shuru, tu khatam ,tu avval, tu aakhir ,tu noor ,tu hoor,
tu dil-e-noor ,tu kainaat meri,
Itni khoob hai tu ab bata kisi ki aankh ko kaise lagane
deta..

tume mujhse koi door nahi kar sakta hai,

*Tu akeli malika hai is dil ki koyi aur hukumat nahi kar
sakta hai,
Mujhe maut se khauf nahi lekin sath jeene ki tamanna hai
,
Dua hai maut bhee aaye to saath aaye ab to maut ka
farishta kya dur kar sakte hai...*

*tere janam din ki tareeq ka calendar me nishani lagaye rakhna

,
calendar me December ke liye aankh lagaye rakhna,
Mahine pehle se eid jaise intezaam karna ,
ishq ho jaye to asaan ho jata hai Dil lagaye rakhna...*

*buri nazar na lage tujhe isliye har din tujh pe ayatein padh
padh ke dam karta hoo,
Tere haq me koyi balaa aane waali hoto mujh pe aajaye
aisi dua karta hoo,
Tere khatir roza rakhna dua sadqa karna sab aadat ho
gayi hai,
Teri hasi na bigde iske liye chahe kuch bhi kar sakta
hoon...*

*intezaar ka maza kabhi chakh ke nahi dekhi tu,
Mere dil me kya chhupa tha nahi dekhi tu,
Main roz ek naye tarike se tere kareeb hota tha,
Mere chat ko kabhi pyaar se nahi dekhi tu ..*

*aaj har haal me mil jayega tera pata iss umeed se jeeta tha,
Tu reply nahi deta to purane khat padh ke jeeta tha,*

Tere ek HI pe saare kaam chhod ke tavajjah deta tha,
Tu kabhi toh baat karegi tujhse mohabbat ka izhaar
karunga isi umeed pe jeeta tha...

tere dimples mujhe tera hone pe majboor kar diye,
Teri badi badi nigahoo ne mujhe tujh me doobne ke liye
majboor kar diya,
Tu insaan hai ya hoor itni saari khoobiyan tujh me,
Yehee cheezein tera hone pe majboor kar diye the...

tujhe paane ke liye tere jaisa huliya lena pada,
Apne kirdar ko chhod ke tere kirdar ko apna na pada,
Mujhe koi gham nahi my mujhse chhoot gaya,
Main Khush hoon tujhe paane ke liye khud ko chhod na
pada..

ek taveel umr kharch kee hai tere intezaar me bata badle me
kya dega,
Mosam badal gaye badal guzar gaye tujh pe mohabbat
nahi gayi bata badle me kya dega,
My aankho ke nikle chasmo ko gira ke tujhe paane ki dua
maangi ,
Tujhse kisi cheez ki umeed nahi bass umr bhar mehram
ban ke saath de bata badle me ye dega???
Taveel:lambi

ek anjaan jaan bangaya my fir pagal ban gaya,
Uske nakhre,roothna,laad karna ,bacho jaisi harkato par
pagal ban gaya,

Har humesha uski bahoo me rehneko mann karta hai ye kaisa pagal pan hai
uski rooh me rooh ban ke mil jane ka man karta hai pata nahi main kaise itna pagal ban gaya hoon..

kisi ki taraf aankh tak utha ke dekhne ki himmat nahi,
Tujhse mohabbat itni paak hai na mehram
Ko dekhle to dill ASTAGFIRULLAH padhne lagta hai,
Teri khoobsurati pe kitab likhun to o bhi kam hai,
Tujhe duniya ki buri nazar bala se bachane dill humesha aayatein padhne lagta hai..

aapne Apne Dil Mein Qaid Kiya Hai Mujhe
Uske dil Mein qaid hoke rehna hi acha lagta hai Mujhe
Mera Khayal mujhse bhee zaada Karti hai o
Uski bahon me ,uski panah me rehna acha lagta hai mujhe,

dil tha mera tujhpe luta Diya
Waqt saara tere pe bitaa diya,
Tu zindagi me noor hai mere ,tere saath saath jeena hai mujhe,
Teri ek haa pe umr saari mitaa doonga..

teri mohabbat me kitna pagal hoo tu kya jaanta hai,
Tere liye apni saansein bhi daav pe laga sakta hoon tu kya janta hai

aankho ke isharo pe meri duniya ko Nacha deti ho,
Muskurake baawla bana deti ho,
Isko ilm kaho ya hunar tera ,
Chain sukoon neend sab uda deti ho

ab ghutan nahi hoti hai
Ab neend bhi poori hoti hai
Ab aankh se chashma kaha behta hai,
Ab oto mere saath hoti hai...

meri awaz sun ke haal bata deti hai o,
Meri aankhon me dekh ke khwaab bata deti hai o,
My chup raha to khamoshi ke raz bata deti hai o,
Are ruko najoomi ki baat nahi mehbooba hai o..

uski mushkilo ka raasta meri taraf badal dey,
Uski gamoo ko khushiya me badal dey,
Teri Tabassum kabhi bigde nahi dua hai,
Maut bhi agar aane waali hoto o bhee meri taraf badal
dey..

mujhe teri taraf masroof karney teri ek Nazar kaafi hai,
Meri bechainiyo ko chain me badalne teri tabassum kaafi
hai..

tera itna pagal ke muskuraye toh dil laga baithe,
Teri aashiqui me raat bhar phone se aankh laga baithe,

*Teri mohabbat sar chad gayi hai tere ishq ne pagal
kardiya,*
Subah aankh khulte hee tere inbox pe aankh laga baithe...

teri zindagi me bahut aake gaye ishq ka daawa karke ,
Aitbaar karo mujhe meri baato pe unki tarah Hawaa nahi,
*Tu pass hoti to aisa hota tu saath hoti to waisa hota ye hee
khayalo me jee raha hoon,*
*Raato me jaag jaag ke mareez-e-sehar ho gaya hoon bahon
me lele yeh hi Dawaa hai...*

*ek ladki aagayi pyaar ka izhaar karne agar apna leta to
khiyanat hoti,*
Mujhe to Khauf hamesha hota hai my teri Amanat hoo....

chalo ab aisa karte hai deewaron se baatein karte hai,
*O so gaya hai bagair v.c kare chalo ab uski tasveer dekh ke
raatein kaat te hai,*
*Main use raat ko v.c pe dekh sakoonga yahi umeed se raat
ka intezar karta hoon ,*
*Koi nuksaan nahi dekhe bagair so jao keh ke o baat ko
kaat tee hai..*

kabhi mere dil me dekhe to pata chalta,
Tere liye kitno ko mana kiya pata chalta,
Tu malika hai is dil ki yaha sirf tera huqm chalta hai,
*Mere aankho me dekhti to mere baato ko samajhti to kitni
mohabbat hai pata chalta..*

mohabbat be-inteha karte huye bhee chupaye rakhna itna
asaan nahi hota
intezaar karna saalo saal itna aasan nahi hota,
Nazrein, dill, khayalat ko bhatakne se rok ke rakhna itna
asaan nahi hota,
Samundar ke toofan me kashti ko bachake manzil tak
laana itna aasan nahi hota..

har din ek tasalli lagi rehti thi,
Tu mil jayegi ek din umeed lagi rehti thi,
Saal me ek baar reply dena yaad hai kya tujhe,
Fir bhi tere inboxe pe aankh lagi Rehti thi....

Tere ishq me itne pagal kab huye pata nahi khuda ko bhee
naraz kar baithe hai,
saalo se pyaar se badhayii huyi dadhi bhi kaat baithe hai,
Ta-ajjub hai ye gunaah hai maloom hoke bhi gunaah kar
baithe hai,
Pata nahi kabse itne pagal ho baithe hai

zindagi me maza aaya jab tu mil gaya,
Tu mila toh jannat ki nyamat mil gayi,
Dil se lagaye rakhte the tasveer ko to kabhi takiye ke
neeche chupaye rakhte the,
Ab un teri tasveeron se kya kaam ab to tu hi mil gaya..

tu pal bhar ke liye mil jaaye ye hee zaada tha,
Tu muskuraake dekh de ye hee zaada tha,

Kahin tujhe shak nahi isliye chup chup ke dekhte the,
Kabhi kahein tu galti se dekhleti ye mere liye bahut zaada
tha ....

aap mere andar bass gaye ho,
Dil ki gehraiyon me utar gaye ho,
Dil dimaag pe sirf tera hi Khabza hai,
Pata nahi kab kaise itni andar andar tak samaa gaye ho...

O dil me rehta hai use har lamha meri khabar hoti hai,
Akela kaha mehsoos hone deti hai o to hamesha saath hoti
hai,
Mere mushkilein guzar gayi uske hone se warna mujh me
itni himmat kaha,
Shukriya tera Mushkilo me himmat ban ke khadi hoti hai..

ek hee class me final exam de rahe the,
Answer paper kam aur usko zaada dekh rahe the ,
Khauf, khwahish ,dard, darr Sab ek saath jhinjod rahe the,
Use ye bhi pata nahi ke hum usse mohabbat kar rahe the...

agar tujhse dil bhar jaaye to o dil hi kya hai,
Tujh pe mohabbat kam ho jaye to o mohabbat hi kya hai,
Agar waqt ke saath mohabbat ,dill ,badal jaaye to kya
faida..
Mai khud ko mita dunga agar khayal bhi aisa kuch aaye to
,ab bata tera shaq kya hai?..

O khuda hai use sab pata hai,
Lapatao ka bhi pata hai,
Dilo ka ilm khuda ko hai isi liye aaj tu mera hai ,
O khuda hai Use meri mohabbat kon hai, kya hai ,kisse hai
,sab pata tha...

bacho jaise saare harkatein karti hai,
Har baat kehte huye Cute cute expressions banati hai,
O bacho jaise kaam hi nahi mujhe bhi bahut ache se
sambhalti hai,
My rooth jaaoo to badi budhiya jaise baate karke manati
hai...

O dhoop ke hote huye baarish ko laa sakta hai,
Mujhe yaqeen hai us khuda pe na-mehram se Mehram
bana sakta hai ..

agar main so bhi gaya to mera dil tere liye duaein maangta
rehta hai,
My door hoo lekin meri duaon ka aasman tere saath laga
rehta hai

dil ki khwaishein nazron ko dekhne par majboor kar deti hai,
Na chahte huyi bhee ishq kara deti hai...

aii nadaan zara iss husn ko parde me rehne de ,
Dusro ko bhi gunaah se bach ke rehne de...

kachii umr se ishq shuru hua tha aaj bhi kuch badla nahi,
Kal bhi tere pagal aaj bhi tere hee pagal hai kuch badla
nahi...

likhne ke liye kalam aur kaagaz kam padh jaayengi,
mohabbat be-inteha hai ye kitaabein bhi kam padh
jaayengi..

www.ingramcontent.com/pod-product-compliance
Lightning Source LLC
Chambersburg PA
CBHW021814150726
47989CB00004B/1927